DIOGÈNE

ET

SCAPIN

A-PROPOS EN VERS

REPRÉSENTÉ A LA COMÉDIE-FRANÇAISE

le 15 janvier 1880,

A l'occasion du 258e Anniversaire de la naissance de Molière.

PARIS

TRESSE, ÉDITEUR

9, 10 et 11, GALERIE DU THÉATRE-FRANÇAIS

PALAIS-ROYAL

1880

EUGÈNE ADENIS

—

DIOGÈNE

ET

SCAPIN

A-PROPOS EN VERS

REPRÉSENTÉ A LA COMÉDIE-FRANÇAISE

le 15 janvier 1880,

A l'occasion du 258e Anniversaire de la naissance de Molière.

PARIS

TRESSE, ÉDITEUR

8, 9, 10 et 11, GALERIE DU THÉATRE-FRANÇAIS

PALAIS-ROYAL

—

1880

<table>
<tr><td>PERSONNAGES.</td><td>ACTEURS.</td></tr>
</table>

SCAPIN.......................... MM. Coquelin, aîné.
DIOGÈNE .... Coquelin, cadet.

La scène se passe au XVIIe siècle.

Une place publique. — A droite, premier plan,   n.a

DIOGÈNE ET SCAPIN

A-PROPOS EN VERS.

SCÈNE PREMIÈRE.

(Au lever du rideau, la scène est vide, — le jour commence à poindre; — Diogène, son bâton et sa lanterne à la main, entre vivement par le fond comme un homme poursuivi)

DIOGÈNE.

On vient! C'est fait de toi, Diogène!

(Écoutant.)

Non, rien.
Pluton ne m'a pas fait poursuivre : tout va bien.
Par les dieux, qu'il est doux de revoir la lumière!
Quand, depuis deux mille ans, on a quitté la terre
Pour habiter l'Érèbe, un assez laid séjour,
Qu'il est doux de renaître à la clarté du jour!
Je vais donc respirer, vivre une fois encore,
Dieux puissants!... Deux mille ans sans avoir vu l'aurore!
Ah! l'ennui me faisait soupirer bien souvent!
Moi qui déjà n'étais pas gai de mon vivant,
A regarder le Styx rouler son flot morose,
Hélas! j'avais perdu le sentiment du rose!
Aussi, j'avais juré de quitter l'Achéron!
Hier donc, profitant d'un moment où Caron
Voulait forcer deux morts à payer leur salaire
Et réclamait sa double obole avec colère,
J'ai jeté deux gâteaux à Cerbère, d'abord.
Puis, sautant dans la barque, ai gagné l'autre bord,
Et me voilà!... c'est moi!... j'ai retrouvé ma tête,
Mes bras, mes pieds, mes mains, tout mon corps!.. quelle fête
Autour de moi! jamais beau jour ne fut pareil
A celui-ci. — Salut, Apollon, ô soleil!
Salut, dieux de l'Olympe et de la terre attique...
Çà mais, je m'attendris, moi, je deviens lyrique :

A m'entendre, on dirait que j'ai perdu mon temps
A manier la lyre aux accords éclatants!
Bah! c'est bon pour le vieil Homère! Je me nomme
Diogène, — et mon but, c'est de chercher un homme :
N'ai-je pas ma lanterne?... allons, rallumons-la
Et puis, — à l'œuvre, en route! Où suis-je?... ce ciel-là
M'est inconnu!... Si je frappais à cette porte
Pour m'informer?... oui, — oui, mais tout dort. —Bah! qu'importe!
Les mortels ne sauraient s'éveiller assez tôt
Pour jouir de la vie; — ah! voici le marteau.
Essayons.

(Il frappe.)

SCÈNE II.

DIOGÈNE, SCAPIN, paraissant, un doigt sur la bouche.

        Chut! c'est l'heure où le maître a coutume
De reposer.
DIOGÈNE.
        Ah! dieux, le singulier costume!

SCAPIN, lui imposant silence.
Paix donc! le maître dort : respecte son sommeil.

DIOGÈNE, à lui-même en examinant Scapin.
Quel est-ce personnage au teint rose et vermeil?

SCAPIN, même jeu.
D'où sort cet étranger à la mine inquiète?
(Il l'entraîne au milieu du théâtre après avoir fermé la porte.)
Parle à présent : j'écoute.

DIOGÈNE, à lui-même.
        Il a l'air bien honnête
Au moins!... Dis-moi, quelle est cette ville?... tu ris

SCAPIN.
Ne le sais-tu point?
DIOGÈNE.
    Non.
SCAPIN.
    Vraiment?

DIOGÈNE.
        Non.
SCAPIN.
            C'est Paris.

DIOGÈNE, avec admiration.

Eh! quoi, Paris, dis-tu, quoi! l'Athènes française,
La ville immense et folle! ah! dieux! que je suis aise!
C'est là Paris, Paris, le moderne flambeau
Qui brille sur le monde entier!...
                    (Regardant tout autour de lui et d'un ton naturel.)
                Ça n'est pas beau!

SCAPIN, étonné.

Plaît-il?

DIOGÈNE.

            On m'en avait conté tant de merveilles!
On m'en avait si fort rebattu les oreilles,
Qu'à travers ces récits plus merveilleux encor,
Mon esprit le voyait bâti de marbre et d'or?

SCAPIN, riant.

Qui t'avait fait tous ces contes de l'autre monde?

DIOGÈNE.

Qui?... parbleu, tu l'as dit, tous ceux qui passaient l'onde
Du Styx... oui, tous les morts!

SCAPIN, reculant.

            Tous les morts!... où cela?

DIOGÈNE.

Aux enfers!

SCAPIN.

    Aux enfers!... Que me chante-t-il là?

DIOGÈNE, confidentiellement.

Je m'en suis échappé sans bruit ce matin même.

SCAPIN.

Ah! Voilà donc pourquoi je le trouvais si blême!

DIOGÈNE.

Chut! si ma fuite était soupçonnée aux enfers,
J'expierais plus de maux que je n'en ai soufferts
Jadis, de mon vivant, sur cette terre inique!

SCAPIN, vivement.

Ton nom?

DIOGÈNE.

        Diogène.

SCAPIN.

    Hein! comment! le vieux cynique!..

DIOGÈNE.

C'est moi...

SCAPIN, continuant.

Qui pour maison habitait un tonneau !...

DIOGÈNE.

C'est moi.

SCAPIN, continuant.

Qui pour boisson n'absorbait que de l'eau !...

DIOGÈNE, avec un soupir.

Ah !... c'est moi !

SCAPIN.

Qui fuyait l'homme et surtout... la femme !

DIOGÈNE, avec deux soupirs.

Ah ! ah !... c'est encor moi ! toujours moi !

SCAPIN.

Sur mon âme,
La rencontre est plaisante et je m'en réjouis !
A mon tour, je te veux apprendre qui je suis !
Je suis la gaîté vive et franche du théâtre !
Le rire épanoui du vieux masque de plâtre !
L'idéal du valet rusé, souple et moqueur ;
Qui déteste les sots et s'en rit de bon cœur !
Scapin qui signifie audace, effronterie,
Ruse, mensonge, adresse, intrigue, fourberie !
Scapin, fripon valet d'un maître aussi fripon !
Argante le sait bien et Géronte en répond !
Scapin à l'esprit vif, à l'œil sûr, au pied leste !
Intriguant, machinant, démasqué, pris et, zeste !
Disparu pour toujours et prêt à revenir
A la charge... Scapin, enfin, pour vous servir !

DIOGÈNE, stupéfait, à lui-même.

Par les dieux ! quel langage !... Il a vraiment la face
D'un coquin !

SCAPIN.

Hein ? tu dis.

DIOGÈNE.

Je dis, grand bien te fasse,
Scapin : j'espère bien n'avoir jamais besoin,
De ton aide et tu prends un inutile soin !

SCAPIN.

Qui sait ! Mercure peut réussir où Minerve
Echouerait !

DIOGÈNE, à lui-même.

Que sa noble égide me préserve,
De la société d'un faquin tel que toi!
(Haut)
Il faut que je te quitte.

SCAPIN.

Ah ! bah !

DIOGÈNE.

Excuse-moi.

SCAPIN.

Tu retournes là-bas ?

DIOGÈNE.

Là-bas ?

SCAPIN.

Aux enfers ?...

DIOGÈNE.

Peste,
Jamais, grands dieux ! je suis sur la terre : j'y reste.

SCAPIN.

Bien dit, et nous serons compagnons de plaisirs.

DIOGÈNE, scandalisé.

Nous ?

SCAPIN.

A quoi vas-tu donc employer tes loisirs ?
Tu veux recommencer ton ancienne existence,
Faire encor l'écolier, te mettre en pénitence
Toi-même, vivre avec du pain sec et de l'eau.
Et prendre les arrêts forcés dans un tonneau !

DIOGÈNE, piqué.

Sans agir en cynique, on peut rester en somme,
Philosophe.

SCAPIN.

A quoi bon ?

DIOGÈNE.

Je chercherai mon homme !
Jadis, tout seul, besace au dos, lanterne en main,
Courbé sur mon bâton, j'ai fait bien du chemin.
Sans en trouver un seul, parmi les plus illustres,
Qui méritât ce nom ! Depuis, quatre cents lustres
Ont passé. Le procès est encore pendant
Et pour longtemps peut-être. On m'a dit cependant
Qu'au sein du grand Paris, cette nouvelle Athènes

Les hommes aujourd'hui fourmillaient par centaines !
Je m'en vais de ce pas m'en assurer !

(Il veut s'éloigner, Scapin le retient.)

SCAPIN.

Attends.

DIOGÈNE, à lui-même.

Çà ! le drôle va-t-il me retenir longtemps !

SCAPIN.

Si tel est le motif qui sur terre t'amène,
Tu ne pouvais alors, mon brave Diogène,
Faire, en me rencontrant, un plus heureux début !

DIOGÈNE, entre ses dents.

Oui-dà, la peste soit du hasard !

SCAPIN, continuan .

Car ton but,
Grâce à moi, tu le peux atteindre tout à l'heure.
Regarde : tu vois bien cette simple demeure ?

DIOGÈNE.

Oui.

SCAPIN.

Presque triste.

DIOGÈNE.

Eh bien ! après ?

SCAPIN.

Regarde-la.
Diogène : celui que tu cherches est là.

DIOGÈNE.

Plaît-il ! tu prétends, toi, Scapin, trouver un homme

SCAPIN.

Oui je l'ai trouvé, moi, Scapin !

DIOGÈNE.

Bah ! Il se nomme ?...

SCAPIN.

Molière !

DIOGÈNE.

Ah ! oui, je sais. Il n'est pas inconnu :
Son nom jusqu'aux enfers est même parvenu ;

SCAPIN.

Tu vois que pour franchir une telle distance...

DIOGÈNE, l'interrompant.

C'est égal : ajournons encore la sentence,
Malgré tout, je préfère attendre et rester coi
Que de me prononcer à la légère.

SCAPIN, grave.

Eh ! quoi !
L'homme qui va frapper du fouet de la satire
Ceux que l'intérêt guide ou que le vice attire,
Qui méprise la haine et l'orgueil des puissants,
Qui promène ses yeux sur le monde en tous sens,
Et fatigué de sa complaisance malsaine,
Lui jette pour défi Tartuffe sur la scène ;
Qui prend l'homme et le peint sous ses aspects divers,
Qui, pour le corriger de ses propres travers,
Les étale au grand jour, hardiment, et le somme
D'en rire, celui-là, dis-tu, n'est pas un homme !

DIOGÈNE.

Je ne dis pas cela.

SCAPIN, continuant.

Quelle rare vertu,
Quel mérite éclatant faut-il qu'un homme ait eu,
O philosophe amer, pour que tu le désignes
A l'admiration des hommes ? A quels signes
Le reconnaîtrons-nous, cet élu, ce vainqueur ?
Le veux-tu deux fois grand, grand d'esprit et de cœur ?
Ah ! cet être idéal, si noble qu'on le fasse,
Molière peut, crois-moi, le regarder en face
Et les coups impuissants de ton arrêt fatal,
Ne sauraient ébranler son large piédestal !
Vois-le, dès son jeune âge, enchaîner à l'étude
Son esprit tout heureux de cette servitude
Et grandir, en portant aux livres des anciens
Le respect que depuis ont mérité les siens !
Vois-le, plus tard, perdu dans cette fourmilière
Immense de la cour du grand roi ! vois Molière,
Humble, obscur, méprisé, sans naissance et sans droits,
Un peu plus qu'un valet, un peu moins qu'un bourgeois,
S'avancer tête haute et d'une main hardie
Et sûre, saisissant l'humaine comédie,
Accomplir lentement son œuvre où la beauté
Prend son vol dans l'essor de l'âpre vérité !
Il devient grand ! il voit la gloire lui sourire !
On l'accueille, on l'écoute en silence, on l'admire !
Il n'est plus ce petit personnage inconnu
De la suite du roi ! non, il est devenu
Molière, le poète éternel et sublime !
Ce n'est pas tout encor ! ouvre sa vie intime !
Lis dans son cœur et vois, pour ces pauvres humains,
Qu'il raille, quels bienfaits s'épandent de ses mains !

Car, tant son âme est noble et grand son caractère,
Il croit, lorsqu'ils en sont reconnaissants sur terre,
Qu'ils font beaucoup pour lui, qu'il n'a rien fait pour eux !
Simple, loyal et bon, il semble qu'à ses yeux,
Son œuvre n'ayant point de leçon assez ample,
Il veuille la doubler encor par son exemple !
Eh bien, celui qui porte en lui, triple flambeau,
L'amour du vrai, l'amour du bien, l'amour du beau,
Celui-là, quel que soit le nom dont on le nomme,
A la face de tous je le proclame un homme !

DIOGÈNE, entraîné,

Eh bien !... (Se ravisant.) Non, je dis, moi je dis...

SCAPIN, impatienté.

Quoi ! que dis-tu ?

Insipide rêveur altéré de vertu...
Chez les autres !

DIOGÈNE.

Je dis que... que je me défie
De Molière, de toi, de sa philosophie,
Que plus je me recueille afin d'y mieux penser,
Moins il me plaît; qu'enfin, soit dit sans l'offenser,
Dans ce sac ridicule où Scapin l'enveloppe,
Je ne reconnais plus l'auteur du Misanthrope !

SCAPIN, stupéfait.

Il a lu Boileau !
(Voulant protester.
Mais...

DIOGÈNE.

Je n'en démordrai point
Et mon opinion est faite sur ce point !

SCAPIN.

Si tu réfléchissais...

DIOGÈNE.

Non, c'est invraisemblable !
Jamais je n'admettrai qu'un homme raisonnable
Puisse d'un pareil tour être dupe un instant !

SCAPIN.

Mais je t'assure, moi...

DIOGÈNE.

C'est absurde !

SCAPIN.

Pourtant...

DIOGÈNE.

Insensé !

SCAPIN.

Laisse-moi t'expliquer.

DIOGÈNE.

Inutile!

SCAPIN.

Mais enfin...

DIOGÈNE.

Tu perdrais, mon cher, tes frais de style!
Non, il n'existe point de mortel assez sot
Pour consentir...

SCAPIN.

Allons, je ne souffle plus mot,
Je cède : brisons-là.

DIOGÈNE.

Sans rancune?

SCAPIN.

Au contraire
Je voudrais qu'il te vînt une fâcheuse affaire,
Tiens! j'aimerais à voir grandir tes embarras
Pour avoir le plaisir de les vaincre.

DIOGÈNE.

Moi, pas!

SCAPIN.

Et tu verrais alors que ce débat intime
N'a pas diminué tes droits à mon estime!
Au revoir!

DIOGÈNE.

Serviteur!

(Scapin sort.)

SCÈNE III.

DIOGÈNE, un instant seul, puis SCAPIN.

DIOGÈNE.

Parti! (Avec colère.) Va-t-en, va-t-en
Et puisse Jupiter te confondre à l'instant,
Toi, ton maître et ton sac!... vouloir me faire admettre
Que quelqu'un soit assez fou pour se laisser mettre
Dans un sac! — triple sot! — un sac! ensuite, oser
Choisir un homme! — drôle! enfin, me l'imposer!
Effronté! nous aurons, oui-dà, chacun le nôtre!
Je vais chercher le mien, — tout seul ; — gardez le vôtre!

SCAPIN, entrant en courant.

Diogène?...

DIOGÈNE.

Mon nom?

SCAPIN, faisant semblant de ne pas voir Diogène.

O danger imprévu !

Pauvre Diogène !

DIOGÈNE.

Hein !

SCAPIN, courant sur le théâtre ; — même jeu.

Quelqu'un l'a-t-il pas vu?

(Appelant)
Diogène?... il était ici dans l'instant même !

DIOGÈNE, courant après lui.

Hé! Scapin, hé! Scapin?

SCAPIN, courant après lui.

Le péril est extrême !
Et comment l'avertir du danger?...

(Il se heurte contre Diogène)
Ah! pardon,

Auriez-vous rencontré !...

(Avec un cri.)
Dieux! c'est lui!

DIOGÈNE.

Qu'est-ce donc,

Scapin?

SCAPIN.

Ah! tu me vois si troublé! vite, vite
Sauve-toi !

DIOGÈNE.

Me sauver!... et pourquoi?

SCAPIN.

Prends la fuite,

Te dis-je !

DIOGÈNE.

Mais encor...

SCAPIN.

Tu perds là des instants
Précieux : en deux mots, les sombres habitants
Des enfers, le visage enflammé, l'œil terrible
Se sont tous mis à ta poursuite!...

DIOGÈNE.

Est-il possible?

SCAPIN.

Ils accourent en nombre à pas précipités :

Cerbère est en avant flairant de tous côtés
Ta trace, puis Pluton, puis ce qui me tourmente
Le plus pour toi : Minos, Eaque et Rhadamante!

DIOGÈNE.

Ah! Scapin, c'en est fait de moi : je suis perdu!
Rhadamante! Minos!... quel coup inattendu!

SCAPIN.

Oui, — tout le tribunal de l'Achéron qui juge
Sans appel!

DIOGÈNE.

Dieux! où fuir? où trouver un refuge?

SCAPIN.

Hélas!

DIOGÈNE.

Maudite soit ma curiosité!
Ils vont me condamner toute une éternité
A tourner sur la roue, écureuil imbécile!
A remplir le tonneau qui me servait d'asile,
Que sais-je? ah! bon Scapin, ne m'abandonne pas!
Cherche, invente un moyen, tire-moi de ce pas,
Scapin!... et souviens-toi de ta bonne promesse :
Viens à mon aide!...

SCAPIN, rêveur.

Eh! oui, j'y songe!

DIOGÈNE.

Le temps presse!
Scapin, mon doux Scapin!

SCAPIN, réfléchissant.

Si tu veux t'échapper,
Cerbère aura bientôt fait de te rattraper!
Le péril est plus grand encor si tu demeures!
Ah! Je ne trouve rien! Il faudra que tu meures
Une seconde fois : c'est écrit!

DIOGÈNE, se lamentant.

Par le Styx!
Quel moyen inventer pour résoudre cet x?
Si j'étais un héros, je pourrais me défendre,
Je pourrais!... Dieux puissants, que ne suis-je Alexandre?

SCAPIN, se frappant le front, avec joie.

Ah!

DIOGÈNE.

Quoi!

SCAPIN.

J'ai trouvé !

DIOGÈNE.

Parle ?...

SCAPIN.

Il faut...

DIOGÈNE.

Eh bien ?..

SCAPIN, s'arrêtant.

Mais non,
Jamais tu ne voudras...

DIOGÈNE.

Que je perde mon nom
Si j'hésite un instant !... j'accepte tout d'avance !

SCAPIN.

Eh bien ?...
(Diogène l'écoute avec anxiété, Scapin s'arrête.)
Attends.
(Il remonte.)
Voici la troupe qui s'avance !

DIOGÈNE, au comble de l terreur.

Ah !

SCAPIN, lui jetant son sac.

Mon sac... dans mon sac !...

DIOGÈNE.

Quelle idée ! oh ! merci,
Scapin ! je suis sauvé !
(Diogène s'est mis dans le sac.)

SCAPIN.

Silence ! les voici !

SCAPIN, contrefaisant plusieurs voix.

Par ici, — non, par là, — courons toute la ville !
— Nous le retrouverons, allez, soyez tranquille ! —
Oui, oui. — Que pensez-vous, Minos, de ce bandit ? —
(Voix grave.)
Un misérable !
(Reprenant sa voix naturelle.)
— Non, messieurs, un étourdi,
Voilà tout. — Il mérite une leçon sévère. —
Oui, oui. —

(De sa voix naturelle.)
D'accord, messieurs, mais j'en fais mon affaire

Et je me charge avec le bâton que voilà,
Qu'il semble avoir laissé tout exprès pour cela,
Par un procédé simple appliqué sur l'échine,
De lui faire sentir les torts de sa doctrine!

(Il frappe sur le sac. — Diogène se met à crier.)

DIOGÈNE, dans le sac.

Ah! ah! ah! ah! tout beau!

(Il met la tête hors du sac.)

Personne!

SCAPIN, lui remettant la tête dans le sac.

Doucement.

Ah! c'est invraisemblable!

(Il frappe.)

DIOGÈNE, criant.

Ah! par grâce!...

(Il veut sortir du sac.)

SCAPIN, même jeu.

Un moment!

(Frappant.)
Ah! c'est absurde! ah! c'est insensé!

DIOGÈNE.

Je t'en prie!

Scapin!

SCAPIN.

Non — je prends goût à la plaisanterie.
(Même jeu.)
Ah! l'on ne trouve point de mortel assez sot
Pour consentir!...

DIOGÈNE.

Scapin, je retire le mot.

SCAPIN, riant.

Oui-dà!

DIOGÈNE.

Je suis brisé! tu frappes comme Hercule

SCAPIN.

Mon sac te paraît-il encor si ridicule?

DIOGÈNE.

Non, non!

SCAPIN.

Me promets-tu, si je t'en fais sortir,
D'éteindre ta lanterne?

DIOGÈNE.

Oui, oui.

SCAPIN.

Vrai?

DIOGÈNE.

Sans mentir !

Mais modère tes coups, sois-en plus économe,
Scapin !

SCAPIN.

Avoueras-tu que Molière est un homme ?

DIOGÈNE.

J'avouerai.

SCAPIN.

Sans regret ?

DIOGÈNE.

Sans regret.

SCAPIN.

Sans remord ?

DIOGÈNE.

Sans remords !

SCAPIN.

Sois donc libre.

DIOGÈNE, sortant du sac.

Ouf ! aïe ! oh ! je suis mort !

SCAPIN, riant.

Dans ce sac ridicule où Scapin l'enveloppe
Eh bien, reconnais-tu l'auteur du Misanthrope !
L'humble farce, mon cher, que les petits esprits,
Traitent sans examen du haut de leur mépris,
Malgré son air badin et sa mine étourdie,
N'a jamais fait rougir la grande Comédie.
Car elle peut donner, elle aussi, quelquefois,
Sa leçon de morale... en action, tu vois ?
Voilà pourquoi Molière, en créant Mascarille,
Mon cousin, dont la verve étincelante brille
Et réjouit comme un gai rayon de soleil,
En me créant, si j'ose, après un nom pareil,
Me citer, n'a jamais, quoi qu'on dise ou qu'on fasse,
Mis au monde des fils indignes de sa race !
Voilà pourquoi l'on peut nous placer sans dédain,
A côté du bonhomme Orgon ou de Jourdain.
Oui, malgré les deux vers qu'on s'est permis d'écrire
Alceste aurait pour nous, j'en suis sûr, un sourire !
Ne sois donc pas plus fier que lui, résigne-toi ;
Diogène, ta main, et salue avec moi
Sans réserve, salue avec nous tous, le père
De notre comédie immortelle ! Molière !

Société anonyme d'impr., Paul DUPONT, direct., rue Jean-Jacques-Rousseau (24.1.80).